AF268153

LA REVANCHE

DE LA FRANCE

ASSOCIATION GÉNÉRALE TYPOGRAPHIQUE

RODIÈRE ET Cie

19, RUE DU FAUBOURG-SAINT-DENIS, 19

LA REVANCHE

DE LA FRANCE

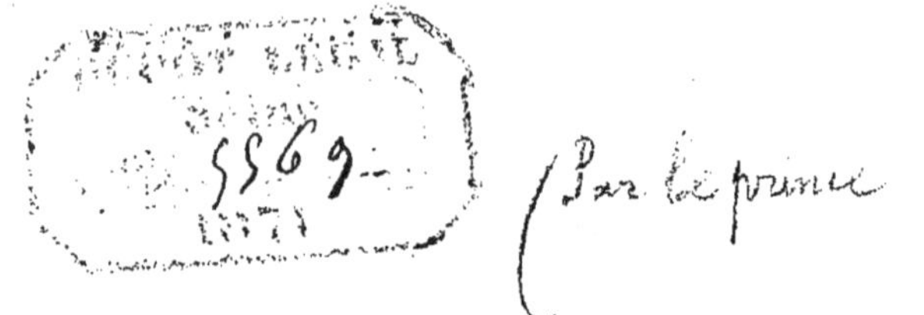

PARIS

EN VENTE CHEZ TOUS LES LIBRAIRES

—

1872

LA REVANCHE

DE LA FRANCE

Dans la lutte franco-germaine, le vrai temps d'armistice fut la Commune, car ce grand péril de la société, venant se jeter en travers de la guerre des deux nations, était si menaçant pour l'humanité toute entière que les hostilités des peuples furent arrêtées, les haines suspendues, et tous les efforts de la France meurtrie se concentrèrent pour étouffer cette redoutable révolte, dont l'histoire des guerres civiles n'avait jamais donné un aussi formidable exemple.

Pendant ce temps, les Allemands regardaient, non sans plaisir, peut-être, la ruine de ce Paris tant envié, de cette Mecque, de tout Européen d'esprit et de goût, sans que l'opprobre d'un semblable sacrilège rejaillisse sur les envahisseurs. Aujourd'hui, la révolte est comprimée, c'est un fait certain et acquis. Je ne veux pas dire par là qu'on en ait conjuré le retour, ou que la question sociale soit par là résolue. Un feu terrible couve sans doute sous les cendres de Paris, et ni les déportés, ni les graciés des pontons, n'ont rien oublié, ni pardonné de leur défaite. Seulement, la question sociale, en France, subit un temps d'arrêt après le dernier cataclysme, et les esprits font un retour nécessaire vers les avant-dernières préoccupations ; on remémore ses souffrances pendant l'invasion, les haines se rallument, la défaite apparaît, plus poignante encore ; enfin, tous les vœux tendent vers un seul but : *La Revanche*.

C'est en vue de la revanche que le soldat obéit plus docilement à une discipline plus sévère, que le bourgeois consent à payer de plus lourds impôts, que la jeunesse travaille plus assidûment, que les vieillards avouent les erreurs de leur vie et font amende honorable ; c'est pour la revanche que les prêtres prient sur les autels, c'est pour la revanche que les mères mettent au monde leurs enfants.

Mais cette revanche, désirée avec tant d'ardeur, espérée avec tant d'angoisses, est-elle possible, quand le deviendra-t-elle ? voilà les questions que se posent tout Français et tout ami de la France.

Evidemment, le monde n'est pas encore assez civilisé pour que la France puisse se contenter d'une revanche morale, du reste les blessures matérielles ont été trop profondes et sont trop vivaces pour le permettre ; il lui faudra donc absolument essayer d'une revanche par le triomphe des armes, par une guerre dans laquelle elle doit s'engager, ou seule, ou avec l'aide d'une autre puissance.

Seule, pour entrer en lutte suffisamment préparée, il lui faut, dans toutes les branches, entreprendre un travail de réorganisation radicale qui, pour porter des fruits, devra subir la lente progression des années. Si le courage personnel et actif ne fait jamais défaut aux Français, si la furia française s'improvise, il faut du temps pour former et exercer des armées, pour leur inculquer la discipline et l'obéissance passive, ces conditions indispensables pour avoir de bons soldats, ces raisons d'être des récents succès germaniques. Il faut du temps pour amasser les trésors que toute guerre nécessite, pour rassembler une artillerie formidable pouvant lutter avec les canons Krupp. Il faut du temps pour que l'instruction obligatoire produise des résultats satisfaisants. Il faut du temps pour que la génération future désapprenne les défauts de la génération actuelle; pour qu'enfin on puisse retourner cette triste définition du Français, justifiée malheureusement par de trop frais exemples : « C'est un monsieur décoré et qui ne sait pas la géographie » en « c'est un homme qui connaît à fond la géographie, comme toute autre science et ne se soucie pas de décorations. »

Pour que sa solidité soit à toute épreuve, il faut donner au moins vingt-cinq ans de temps à cette régénéra-

tion, en admettant que, pendant ces vingt-cinq années, la
France ne soit troublée par aucune révolution sociale
intérieure, ni atteinte par aucun bouleversement du de-
hors, ce qui, dans le siècle ou nous sommes, serait peut-
être bien téméraire à espérer. — Et quoique, d'un côté,
cette rénovation civilisatrice puisse, par elle-même, écar-
ter bien des périls pour la solution de la grande question sociale, pourra-t-elle prévenir le cataclysme imminent
dont tout semble menacé en Europe? Nous sommes des
hommes plus disposés par notre nature à l'erreur qu'à la
perfection, et, dans les projets de réformes, il faut tenir
compte de ce bâton dans les roues du progrès. Aussi sans
abandonner le seul programme rationnel et indispensable,
d'une lente transformation de la France, il faut s'appli-
quer à rechercher les meilleurs auxiliaires qui puissent
hâter cette transformation et simultanément coopérer à
la revanche de la France.

En considérant la position réciproque des puissances
Européennes, nous trouvons l'Angleterre, tout d'abord
assez peu interressée aux luttes intérieures du continent,
qui ne mettent pas sa prépondérence maritime en question,
préparant ses armes et ses provisions à vendre le plus cher
aux belligérants, puis quelques panacés pour les vaincus,
de plus assez taquinée, pour ne pas dire effrayée, par la
bataille de Dorking, pour faire pencher en faveur de la
France la balance de sa neutralité. L'Italie, absorbée par
son unification assez peu avancée à l'intérieur, restera en

suspend entre la France, à qui elle doit Milan et Florence, et l'Allemagne, à qui elle doit Rome et Venise, les conservateurs dont elle tient Gênes et Turin, et les révolutionnaires qui lui ont donné Naples et Palerme, si elle n'a pas acquis, avec d'autres annexions Autrichiennes, cette ingratitude proverbiale qui fait abandonner ses alliés et lever le bras contre ses bienfaiteurs. La Suède compte peu, l'Espagne ne compte point ; reste l'Autriche, la Russie, et la Turquie.

En Autriche, pour le moment, l'élément germanique, prévaut. Le ministère du Comte de Hoheuvart fédéraliste est renversé ; le Comte de Beust, lui-même, malgré ses avances, écarté des affaires comme un agent trop peu solide de l'alliance allemande. Le rapprochement des cabinets de Berlin et de Vienne se cimenterait par une guerre commune avec la France. Avant de laisser prendre une revanche de Sedan, l'Autriche voudrait peut-être une revanche de Solférino, puisqu'il ne lui est plus permis d'espérer une revanche de Sadova. Ce n'est donc pas une alliée qu'aurait la France, mais une ennemie nouvelle. — La question se pose dans des conditions toutes différentes à l'égard de la Russie.

Dans ces guerres de races dont notre siècle nous offre l'exemple, la Russie et la Prusse sont fatalement condamnées à se mesurer les armes à la main. Ni la sympathie des souverains, ni les bonnes relations des diplomates ne pourront longtemps servir de digue au flot de l'opinion

publique qui se précipite de part et d'autre pour s'entre-
choquer.

La prépondérance de la race germaine s'est si victo-
rieusement affirmée dans la dernière guerre, qu'à moins
d'abdiquer son role, à moins de renoncer à son avenir, la
race Slave est forcément destinée à lui disputer cette
prépondérance, en tentant même le hazard des batailles,
dont le pretexte ne saurait tarder à naître :

Discutons l'issue possible de ce conflit : Si le Dieu des
victoires s'est fait naturaliser Allemand pour de longues
anées encore, c'est l'abaissement, l'écrasement, l'annihila-
tion de la race Slave, après l'ecrasement de la race Latine;
c'est l'Europe devenue Prussienne, c'est le monde soumis
aux Allemands.

Or, sur quelle base se fonde la puissance tudesque?

Insoucieux de l'avenir, ou peut-être conscient qu'apres
lui le déluge communiste, monsieur de Bismarck n'a-t-il
pas pactisé avec la Révolution, n'a-t-il pas flatté ses com-
muneux à lui qui maintenant se manifestent plus redou-
tables que ceux du 18 mars, car en place de la légéreté
et du fond de bonhomie française, ils apportent cette
ténacité allemande inflexible, inexorable, qui fait qu'il
n'y a pas d'égarés parmi eux; seulement qu'ils seront
tous des brigands raisonnés, des incendiaires et des
assassins convaincus?

Le triomphe de l'Allemagne, c'est le triomphe du socia-
lisme sur la société, c'est la prépondérance du mal sur le

bien, c'est la victoire de l'esprit des ténèbres sur la vérité et la lumière.

D'autre part, la victoire de la Russie ne détruit rien, n'annihile rien, rétablit seulement l'équilibre entre les grandes familles des nations européennes, coopère à la résurrection de la race latine, tranche enfin une quantité de questions pendantes entre le panslavisme qui a son pied tout près des confins allemands, en Bohême et en Moravie, et le pangermanisme qui étend une main cupide sur les contrées russes des bords de la Baltique, où viennent s'accrocher à lui les atômes crochus germaniques que le caprice du sort a déposés là, en dépit de toute logique etnographique.

Il semble donc évident que la France et la Russie ont les mêmes intérêts à resserrer les liens d'alliance qui les unissent, à préparer en commun leur action pour un avenir prochain peut-être. Voyons d'abord ce qui les divise, et s'il n'existe pas de moyen d'entente sur ces motifs de désunion : Placées l'une aux confins de l'Orient, l'autre à l'Occident extérieur, la Russie et la France alliées peuvent imposer la loi au reste de l'Europe. Cette évidence était si bien comprise par le premier Napoléon qu'une alliance russo-française, offensive et défensive, a toujours été le but de tous ses efforts, et que Marie-Louise n'a dû son trône qu'au refus de la sœur d'Alexandre Ier de venir le partager avec le vainqueur du monde. La France et la Russie n'ont rien de particulièrement commun, aucuu intérêt identique ne les indispose l'une contre l'autre. Elles n'ont pas de duchés, comme le Danemark et la Prusse, qui les divisent, ni d'Alsace, de Lorraine et de provinces rhénanes entre elles, ni de sujets slaves, comme l'Autriche, la Russie, la Prusse et la Turquie, ni de sujets allemands comme la Russie et la Prusse; rien enfin qui puisse motiver des complications immédiates, les seules questions sur lesquelles la France et la Russie n'aient pas toujours été d'accord sont : la question d'Orient et la question polonaise.

C'est plutôt dans l'espèce de crainte que l'empereur Nicolas inspirait, dans le besoin de se créer des alliances et de conquérir cette prépondérance que la Frauce veut toujours avoir dans les conseils européens, enfin dans un froissement d'amour-propre personnel, qu'il faut rechercher les causes de la guerre de Crimée, plutôt que dans les intérêts menacés de la France. La France n'avait aucun danger à craindre de la Russie, même à Constantinople, comme la Russie n'aurait rien à craindre de la France, ni sur le Rhin, ni en Belgique. Au contraire, dans l'un et l'autre cas, il n'y avait que l'influence anglaise contrebalancée en Orient comme en Occident; et étant donné, cet axiôme que la trop grande puissance est toujours plus à craindre chez les voisins les plus proches que chez d'autres plus éloignés, et par là moins menaçants, et de plus la situation géographique de l'Angleterre qui l'a faite voisine de la France et sa position maritime qui l'a faite voisine de tout pays ayant des côtes, nous arriverons à cette conclusion que, quand bien même il pourrait exister des motifs de rivalité entre l'Angleterre et la France, et l'Angleterre et la Russie, il n'y en a pas entre la Russie et la France, même dans la question d'Orient. Nous n'abandonnerons pas ce sujet sans considérer quel serait le rôle de la Turquie dans l'hypothèse d'un conflit austro-allemand avec la Russie. Resserrée entre les belligérants, la Turquie devra garder la neutralité la plus stricte, sous peine de solution de continuité de son existence; car, dans le cas d'insuccès de son alliée, n'importe laquelle, la puissance victorieuse se taillerait des compensations dans son territoire. Il me semble que la question slave (toujours dans l'hypothèse du conflit) devrait se circonscrire aux Slaves d'Autriche, qui pourraient conquérir leur indépendance et opérer leur unité. Voilà la question d'Orient écartée des obstacles de l'alliance franco-russe ; reste l'éternelle question polonaise.

Depuis un siècle, la diplomatie française a peut-être su prévoir, mais n'a certainement pas su prévenir toutes les complications dont elle a eu ensuite à se plaindre.

Le partage de la Pologne, comme la spoliation du Danemark, l'annexion du Hanovre et de la Hesse, l'envahissement de Rome, à tout ceci la France n'a su opposer que de vains et stériles regrets, et si même elle tentait une action tardive, la réussite ne couronnait pas ses efforts.

Ainsi, pour la Pologne, lors du partage, Louis XV ne

s'en mêla pas. Tout se borna à quelques notes anodines de M. de Choiseul.

Louis XVI n'était plus en mesure de se prononcer ; la Révolution trop occupée chez elle ; Napoléon trop occupé ailleurs pour intervenir.

Sous Louis XVIII et Charles X, l'occasion ne s'en est pas présentée, et même il n'est guère certain que, le cas échéant, on s'en soit saisi avec empressement. Du reste, la Russie tentait alors, en Pologne, l'application des généreuses utopies de l'empereur Alexandre Ier. Sous Louis-Philippe, les ministres qui disaient : « L'ordre règne à Varsovie, » auraient certes bien voulu pouvoir toujours en dire autant chez eux, où l'on se servait, dans les émeutes, de cette vieille rengaine polonaise pour troubler, par des manifestations belliqueuses, la paisible monotonie de ce règne.

La République de 48 imita la prudente réserve des des gouvernements qui l'avaient précédée.

Sous Napoléon III enfin, il n'y a à l'actif de la France que la peu glorieuse campagne diplomatique de 1863, et cet égarement de la conscience publique qui a pu admettre des circonstances atténuantes en faveur du régicide assassin de Celui qui était l'hôte de la France.

Ce sont ces derniers faits surtout qui ont incliné, en faveur de la Prusse, la balance de la neutralité de la Russie pendant la dernière guerre. Ils servirent de base à M. de Bismark pour faire naître, en Russie, l'idée que

Napoléon III, à Berlin, soulèverait la question polonaise; ils entravèrent le succès de la mission du général Fleury, ils furent peut-être cause que, si la Russie a été consultée par les États du Sud de l'Allemagne, au début de la guerre, elle leur a vraisemblablement indiqué l'alliance prussienne au lieu d'une stricte neutralité.

Du reste, sans entrer dans de plus minutieux développements, maintenant que le sort de la France repose entre les mains de l'homme sage qui, s'il n'en était persuadé par son haut esprit politique et son expérience éprouvée, a pu, de plus, se convaincre par lui-même, dans ses mémorables pérégrinations de l'année dernière, que, de toutes les nations européennes, la Russie est la plus sympathique à son pays, de semblables fautes ne sont plus à craindre, et, du reste, depuis cent ans que la question polonaise se pose, et que ses amis, suivant lord Palmerston, lui font le tort de s'en occuper, les idées du monde ont fait leur chemin; partout un particularisme étroit a fait place au patriotisme le plus large; les petites subdivisions des peuples sont effacées; l'idée de la race prime l'idée de la nation, comme un jour l'idée de l'humanité primera l'idée des races!

Ce qui était permis il y a cent ans, toléré il y a cinquante ans, devient maintenant un crime, surtout par rapport à la race slave qui a besoin de toute ses forces, de toute son unité devant l'envahissement tudesque. Le sens politique de la France l'empêchera de retomber dans ses précédentes erreurs, surtout quand elle verra que sa revanche est à ce prix. La reconnaissance des Italiens pendant la dernière guerre, des Polonais pendant la Commune, lui ont prouvé qu'il ne faut compter ni sur celle des masses, ni sur celle des individus, mais agir, en politique, d'après ses intérêts, surtout quand ils sont si justes et si légitimes.

Que la France affirme donc dans les discours de son Assemblée, dans le langage de ses diplomates et de ses hommes d'Etat, ainsi que dans ces journaux, la ferme intention d'abandonner à eux-mêmes, à l'avenir, ceux des Slaves égarés qui se refusent à la raison, au devoir et à l'amnistie personnellement accordée, en Russie, à tous ceux qui demandent d'y rentrer, que la France cesse de protéger tous les vétérans inoffensifs de 1830, mais ceux qui sont bien plutôt membres de la révolution cosmopolite européenne que d'une émigration quelconque, qu'elle cherche à donner à la Russie des garanties sérieuses de ses dispositions, et, sur un terrain aussi sympathiquement disposé qu'il l'est à Saint-Pétersbourg, l'alliance viendra d'elle-même élever les deux seules digues sans lesquelles l'Europe sera bientôt submergée par le torrent germanique.

1879 — Paris. — Assoc. générale typogr., Faub.-St-Denis, 19 — Rodière et Cᵉ.

www.ingramcontent.com/pod-product-compliance
Lightning Source LLC
Chambersburg PA
CBHW061221050726
47594CB00008B/3742